AF243613

SIMPLES QUESTIONS

AUX SIGNATAIRES

des Pétitions adressées à l'Assemblée Nationale

ET TENDANT A PROVOQUER LA

RATIFICATION DU TRAITÉ LEPRÉDOUR.

À Messieurs les Membres de l'Assemblée nationale

PARIS

IMPRIMERIE CENTRALE DE NAPOLÉON CHAIX ET Cᵉ,

Rue Bergère, 20.

1851.

A Messieurs les Membres

de l'Assemblée nationale.

———

MESSIEURS LES REPRÉSENTANTS,

Vous avez été saisis d'une pétition signée par un certain nombre de négociants français, par laquelle on vous demande la ratification pure et simple du traité Leprédour.

Permettez-moi d'opposer devant vous, aux aveugles

conclusions des pétitionnaires, l'autorité des faits et le véritable intérêt du pays.

Je ne viens pas ici discuter la question politique. A ce point de vue, le traité Leprédour a déjà subi devant l'opinion publique, comme il trouvera certainement devant l'Assemblée, les réfutations les plus compétentes et les plus victorieuses.

Mon rôle est plus modeste.

Négociant-manufacturier, depuis longtemps en rapport, par mes opérations industrielles, avec le Rio de la Plata; mêlé, par ma situation même, aux tristes agitations de cette contrée, je crois connaître quel est réellement, dans la question portée aujourd'hui devant vous, l'intérêt du commerce français.

C'est à ce point de vue spécial que je viens poser quelques questions aux auteurs de la pétition. Je serai bref.

Les pétitionnaires demandent aujourd'hui, comme ils le

réclamaient en 1849, la ratification ! Mais connaissaient-ils seulement les clauses du traité Leprédour, quand ils sont venus ainsi, avec précipitation, en réclamer l'approbation définitive ; et, malgré leurs instances, cette approbation n'a-t-elle pas été refusée par l'Assemblée ? Il est de fait qu'ils ne les connaissaient point.

Comment dès-lors ont-ils pu logiquement formuler leurs conclusions ? Il ne faut pas oublier que, lorsque la nouvelle du premier traité de l'amiral Leprédour parvint en France, des négociants, plus entreprenants que sages, avant même de savoir si les conditions de ce traité en permettraient la ratification, s'empressèrent d'expédier dans la Plata d'immenses cargaisons de marchandises. Est-ce pour réparer cet acte d'aveugle imprudence qu'on nous conseille aujourd'hui une témérité plus aveugle encore ? Sans doute les spéculations particulières de nos négociants sont dignes de la sollicitude et de la protection du gouvernement ; mais devons-nous sacrifier à cette considération du moment l'avenir même de notre commerce et les intérêts permanents du pays ?

Les pétitionnaires réclament la ratification ! Mais ignorent-ils donc que le dernier traité ne fait que reproduire au fond ces clauses illusoires et honteuses que l'Assemblée nationale a déjà repoussées par son vote souverain ? Ne savent-ils pas d'ailleurs que, pour le dictateur de Buenos-Ayres, aucune convention ne sera jamais sacrée ? Le traité de 1840 semblait nous assurer quelques garanties. Que sont devenus et ces garanties et ce traité ? Le jouet de Rosas et la honte de notre diplomatie.

Les pétitionnaires réclament la ratification ! Mais ont-ils donc oublié cette liste lugubre de vols, de dévastations et d'assassinats commis par ordre de Rosas ou d'Oribe sur nos compatriotes, et dont le dernier traité consacre la révoltante impunité ? Faut-il citer et ces trente-trois Français égorgés en masse par ordre du frère du commandant de Mercédès, et ce millier de familles françaises abandonnant en un même jour leurs foyers pour échapper au décret qui les chassait de leur résidence, en les entraînant par la force dans l'intérieur, loin de tous rapports avec nos agents dont ils ne pouvaient invoquer l'appui, et tant d'autres victimes dont la ruine ou l'immolation crient vengeance devant la France et devant le Ciel ? Les pétitionnaires demanderaient-ils la ratification, s'ils comptaient parmi ces victimes des parents, des amis ou des associés ?

Quoi ! vous consentiriez, si vous étiez dans cette position, à demander la ratification d'un traité qui ne désigne que vaguement la réparation des intérêts matériels ?

Ah ! si vous étiez les parents, les amis, les associés seulement de ces victimes, savez-vous ce que vous demanderiez ? Non pas seulement une commission pour juger du dommage causé, mais vous demanderiez que les indemnités fussent stipulées dans les traités nominativement, non-seulement pour la spoliation, mais pour les meurtres et les assassinats ; et en agissant ainsi, vous n'agiriez pas seulement comme leurs parents, leurs amis, leurs associés, mais vous agiriez encore comme bons citoyens ; car vous provoqueriez le gouvernement à un de ces actes qui font seuls la force et la puissance des nations :

La protection des nationaux et partout et toujours.

Eh bien, dans une pareille question et en face de l'étranger, le respect de la solidarité nationale est, pour nous tous, le premier des devoirs comme le premier des intérêts.

Il serait possible que la ratification favorisât momentanément quelques spéculations; mais, qu'on ne s'y trompe pas, cette ratification aurait pour l'avenir de notre commerce les résultats les plus désastreux. L'influence politique et la sécurité de nos nationaux constituent pour nos transactions extérieures les deux premières conditions du succès. Or, quelle sécurité et quelle influence pourrions-nous espérer auprès des peuples comme auprès des gouvernements étrangers, si, par une triste expérience, nous leur apprenions qu'on peut impunément égorger nos nationaux, se jouer de notre honneur et de nos intérêts?

Comment l'Angleterre, avec une population relativement peu considérable, est-elle parvenue à supplanter sur tous les points du globe et l'Espagne, et le Portugal, et la Hollande, et les autres nations maritimes? C'est en étendant partout, avec une intraitable énergie, sur le plus humble de ses nationaux, la souveraine protection de son gouvernement. On sait que lord Palmerston a pu dire naguère, avec toute raison et aux applaudissements du peuple britannique, que le titre de citoyen anglais est aujourd'hui, comme autrefois le titre de citoyen romain, la plus glorieuse et la plus efficace des garanties.

Sachons imiter ce grand exemple, si nous voulons sauvegarder sérieusement, dans les contrées lointaines, notre commerce et notre puissance.

Et qu'on ne dise pas que notre intérêt, en ce moment, n'est point sur les rives de la Plata. Notre intérêt est là où notre honneur a souffert, où nos compatriotes ont été indignement spoliés, emprisonnés, égorgés, où une population de plusieurs milliers de Français appelle notre intervention et notre appui.

Est-il besoin, d'ailleurs, de rappeler l'avenir qu'offre à notre commerce l'État oriental de l'Uruguay? Cet avenir, pour quiconque étudie de près la question, est immense, et, pour nous l'assurer, il n'est point nécessaire, comme le prétendent les adversaires de la cause de Montevideo, que nous fassions la guerre à Rosas.

Un homme d'une autorité considérable, l'amiral Romain-Desfossés, dans une lettre adressée au ministre et dont la récente publication est un véritable événement, démontre que nous pouvons résoudre cette question de la Plata *à l'honneur et au profit de la France, sans faire la guerre à la République Argentine, et en mettant Rosas malgré lui-même en dehors du conflit.*

Et quand bien même il nous faudrait avoir raison, par
la force , de l'entêtement de cet homme, devrions-nous
donc hésiter ?

En vain nous oppose-t-on l'état politique du pays ; en
vain nous dira-t-on que nous avons assez à faire chez
nous , sans compliquer nos embarras d'une affaire à
3,000 lieues d'ici.

L'Angleterre hésita-t-elle jamais, quelle que fût à l'intérieur la situation des partis, quand il s'est agi de défendre contre l'étranger son honneur et surtout ses intérêts menacés ? C'est là tout le secret de cette puissance
dont l'exposition universelle révèle toute l'étendue.

Cette puissance est-elle le résultat seulement des immenses possessions anglaises ? Elle est peut-être plus encore la conséquence de la résidence des négociants anglais
chez tous les peuples du globe, et des établissements qu'ils
y ont fondés.

Quand un jour nos populations exubérantes ne trouve-
ront plus à porter dans les contrées lointaines l'emploi de
leur force intellectuelle et physique ;

Quand notre marine aura succombé faute d'éléments : alors l'histoire, jetant un regard en arrière, ne viendra-t-elle pas accuser l'imprévoyance coupable des hommes d'État de nos jours ?

N'oublions pas les leçons du passé. Un jour, sous le dernier règne, un vote mémorable, destiné aussi, disait-on, à prévenir un conflit international, vint irriter au dernier point la susceptibilité du pays. Le nom de *Pritchardiste* resta contre la majorité comme l'expression de la colère publique, et contre le gouvernement comme une cause de désaffection, d'abandon et de ruine. Qui sait si, dans cette question de la Plata où le sentiment national est encore aux prises avec les exigences d'un odieux étranger, un vote impopulaire ne serait pas suivi de la même réprobation, et si le nom de *Rosiste* ne deviendrait pas un nouvel anathème à l'usage des partis ?

La sagesse de l'Assemblée ne laissera point aux passions politiques ce nouveau ferment de haine et de révolution, et la commission nommée par elle ne nous fera pas assister au pénible spectacle d'une condescendance si grande envers un homme qui s'est joué avec tant d'astuce et d'audace de notre longanimité. Elle reconnaîtra, en

présence des faits considérables qui viennent de se pro-
duire dans la Plata par la courageuse conduite d'Urquiza,
par son alliance avec le Paraguay, le Brésil et Montevideo,
qui de nous ou de ceux qui ont émis une opinion con-
traire connaissaient véritablement l'état de ce pays, et la
faiblesse d'un pouvoir qui n'avait réussi à se maintenir
que par ses cruautés et ses exactions.

Nous en appelons aux souvenirs de la commission du
crédit supplémentaire de 1849 ; tous ces événements, nous
les avions tous indiqués, tous prévus.

N'avions-nous donc pas raison de nous opposer de toute
la puissance de nos convictions à la ratification du traité ?
Quel serait aujourd'hui le rôle de la France dans ces
contrées, si ce qu'il a plu à certains organes de la publicité
d'appeler ainsi : «les intrigues des agents de Montevideo»
n'avaient pas un peu contribué à retarder la déplorable
conclusion qu'on voulait donner à cette affaire ; et n'a-
vions-nous pas raison aussi d'appeler l'animadversion
publique sur un journal (*la Presse*), qui avait si bien réussi
à égarer l'opinion publique sur cette cause si nationale ?

Il me reste une prière à adresser à tous les hommes chargés de défendre les intérêts du pays.

Dégagez l'affaire de la Plata des personnalités qui, jusqu'à ce jour, n'ont servi qu'à faire un dédale de cette question si simple, et la vérité et l'intérêt de la France apparaîtront dans tout leur jour.

CH. CHRISTOFLE,